Chanoine PRUDENT

Sur la Côte

POUR LA RESTAURATION

de l'église

DE SAINT-MARTIN-AUX-BUNEAUX

ALLOCUTION

PRONONCÉE

le 18 Août 1912

ROUEN

Imp. de la Vicomté

1912

 MES FRÈRES,

Monsieur le Curé de Saint-Martin-aux-Buneaux m'a fait l'honneur de m'appeler pour présider la cérémonie présente. Permettez que je l'en remercie tout d'abord. Il se souvenait, j'imagine, d'un temps où, à peu de distance l'un de l'autre, nous faisions notre première préparation au sacerdoce dans ce beau et cher Petit Séminaire du Mont-aux-Malades, que d'inconcevables spoliations ont, hélas! enlevé à l'Eglise et aux murailles duquel on n'a pu empêcher que nos âmes d'adolescents restent blotties. On ne résiste pas aux évocations de sa jeunesse : la mienne m'est remontée à l'esprit dès l'invitation de Monsieur le Curé. C'est pourquoi je suis venu.

Je me sens toutefois un bien mauvais interprète des désirs actuels de mon ancien condisciple, votre cher pasteur de maintenant. Mais puisqu'il s'agit de lui être agréable, je n'ai qu'à ouvrir mon cœur.

Monsieur le Curé veut d'abord qu'avant de bénir cette statue nouvelle, je rappelle d'où votre église s'en est enrichie.

Elle est offerte, vous le savez, en mémoire d'un homme de bien qui fut vôtre, chaque été, pendant trente-cinq années, par l'épouse qui le pleure et qui cherche toute sa consolation près de Dieu.

En remerciement, daigne le Seigneur donner à la survivante les douceurs du courage chrétien, et à l'âme envolée sa paix éternelle !

Quand cette image sera dressée à la place qu'elle doit occuper, vous la regarderez pieusement. Elle représente un saint qui est l'une des grandes gloires de la France, saint Louis. Elle reportera vos pensées vers une époque où la religion régnait sans conteste sur les lois et sur les consciences; où l'esprit de Jésus-Christ animait toutes les institutions nationales; où un chef de peuple pouvait être un patriarche qui tout à la fois rendît, sans apparat, la justice à ses sujets sous les chênes, et conçût, pour le bien de tous, les desseins politiques les plus avisés ; où, sans choquer personne en notre pays, celui qui en avait la charge avait droit de dire, tout guerrier chevaleresque et tout administrateur excellent qu'il fût, que ce qu'il craignait le plus c'était l'offense à Dieu, le péché mortel ; où Paris comprenait que le plus beau monument dont on se proposât de le doter fût une merveilleuse châsse de pierre pour y garder la couronne d'épines de Notre-Seigneur ; où les populations françaises se glorifiaient unanimement de la sainteté touchante du roi ; où on pleurait enfin en le voyant mourir comme un pécheur pénitent, vêtu d'un cilice et couché sur la cendre.

Temps lointain, temps bien fini, temps qu'il serait puéril de vouloir ressusciter ! Mais en regardant cette image, n'est-ce pas, mes frères, que vous direz quelquefois : « O saint Louis, vous qui êtes son honneur et qui l'avez tant aimée, protégez encore la France ! » Et Dieu, qui sait mieux que nous ce qui lui convient, donnera à notre nation les grâces opportunes.

Mais je suis ici pour autre chose surtout, mes frères. J'ai à vous dire : Aidez, s'il vous plait, votre curé à continuer l'œuvre de restauration de son église...

Oui, aidez-le, je vous prie !

Pourquoi ? Eh ! des raisons, il y en a mille ! Demandez à Maurice Barrès.

Je n'en exprimerai qu'une :

Tout simplement parce que c'est l'église.

L'église ! une église !

« Qu'est-ce qu'une église ? » demandait un écrivain célèbre. Il répondait : « C'est un lieu dédié et consacré solennellement pour être la demeure de Dieu et des âmes, le point de rencontre où Dieu et les âmes, après s'être cherchés, finissent par se trouver et s'unir ».

L'église est une des choses les plus sublimes qui soient, par conséquent. Comment ne pas s'intéresser à elle !

C'est la foi catholique, c'est la vôtre, mes frères, que Dieu Créateur, Sauveur, Rédempteur, a voulu être une personne humaine et faire une amitié éternelle avec chacun des hommes. C'est la foi catholique, c'est la vôtre, que le Verbe s'étant fait chair, il a voulu habiter ici-bas et qu'il a dit : « Voici que je suis avec vous jusqu'à la consommation des siècles ». Mais puisqu'il veut être nôtre à ce point, il faut bien qu'il ait sa résidence à lui, n'est-ce pas, comme nous avons la nôtre ; un abri où, comme nous, il demeure et il reçoive; un toit à l'ombre duquel il puisse nous écouter et verser ses bontés en nos âmes; une table à laquelle il nous fasse asseoir pour nous donner quelque nourriture transcendante ; un lieu où la divinité coule de son être en notre être ; un asile de pardon, d'effusion, de miséricorde, d'intimité; une maison à lui, enfin, mais à notre portée, toute voisine de nos cœurs, une maison toute proche de nos maisons.

Et la voici : c'est l'église.

Aussi toute la religion, toute notre vie même, convergent-elles, pour ainsi dire, vers ce point.

Oui, la voilà l'église ! Lieu de rencontre entre Dieu et les âmes, tout ce qui se passe entre elles et lui s'accomplit là. A ses parois, que le ciel imprègne, notre vie, du berceau à la tombe, est accrochée...

Toi qui apparais au monde, ô nouveau-né, sois porté au plus vite à l'église : les fonts baptismaux t'attendent où Dieu va te parer d'innocence et te sacrer son fils adoptif. — Toi qui grandis et dont la raison s'éveille, ô petit enfant, entre dans l'église afin qu'on t'y enseigne, avec les vérités révélées, la seule morale qui te puisse garder vraiment homme, homme d'honneur, et te faire mériter une vie éternelle. — Viens dans l'église, agenouille-toi à ce parvis de communion, ô fidèle ; viens, obéis au Seigneur qui est là pour toi et qui, dès ton âge de discrétion, t'a convié en disant : Bois, mange. Je suis le pain vivant, ne fais qu'un avec moi...

Mais qui es-tu, toi qui n'oses entrer ? Depuis longtemps tu restes sur le seuil : Tu rougis ? tu as honte ? Non, viens dans l'église, ô pécheur ; viens, ô prodigue ; viens, ô Madeleine repentante : voici le tribunal où Dieu, pour peu que tu confesses ta faute, t'attend pour t'absoudre. Viens : ici, il est encore le père qui tend les bras à l'enfant perdu ; il est toujours le bon justicier qui prononce : que celui-là qui est sans péché jette à cette âme la première pierre ; toujours le Rédempteur à la miséricorde infinie qui dit : Beaucoup de péchés lui sont pardonnés parce qu'elle a beaucoup aimé...

Et vous, que faites-vous là, sur le chemin, jeunes gens, qui, le cœur en joie, méditez de vous lier l'un à l'autre pour fonder une famille ?

Venez, venez vite, ne vous attardez pas. Passez par la maison de Dieu avant de constituer la vôtre. Faites vos serments sous son regard, et — l'amour est fugitif — suppliez Dieu de l'enchaîner et de protéger contre vos propres faiblesses une union qui va être indissoluble. Ah ! comment ne pas trembler pour eux quand on voit de pauvres cœurs fragiles, prétendre s'unir sans vouloir approcher des autels ! Comment ne pas concevoir quelque épouvante pour une société, quand on y voit croître chaque jour le nombre des mariages accomplis loin de l'église !

Mais vous que j'aperçois, la démarche lasse et le front lourd, affligés, cœurs tristes, vous tous qui peinez et qui souffrez, quelle que soit d'ailleurs votre épreuve, venez, venez, vous surtout : l'église n'est-elle pas pour vous le meilleur refuge ? Ses piliers versent des ombres où l'on peut se blottir loin des regards et s'épancher avec soi-même sans crainte des questions indiscrètes; son tabernacle recèle un hôte divin qui comprend tout et qui est le seul ami capable de consoler de tout.

Quelque prophète de malheur annonçait l'autre jour, à Paris, dans un atelier de midinettes, qu'à plus ou moins brève échéance on fermerait ou l'on détruirait, en France, toutes les églises. Et comme celui qui parlait ainsi était le contremaître et qu'avec le ton du blasphème il gardait le ton de commandement, ce fut dans l'assemblée un profond silence, un silence intimidé tout d'abord. Une d'elles, plus hardie... ou plus malheureuse... s'écria soudain dans un soupir : « Eh bien, où est-ce qu'on ira pour pleurer maintenant ? »

Oh ! venez dans l'église, affligés, on y pleure si bien à l'aise !

Et à la mort, avant qu'on porte en terre votre dépouille...

Mais achevez vous-mêmes ma pensée, mes frères, je ne développe pas davantage, pour ne pas réveiller certaines douleurs trop aigües...

Telles sont nos églises, mes frères : l'endroit où l'on rencontre Dieu, sa maison, et la maison par conséquent aux parois de laquelle — il faut répéter le mot — est comme accrochée toute notre vie...

Aussi comme elles nous sont chères, quelles qu'elles soient !

Comme vous tenez à elles, vous tous, mes frères, par le fond de vos entrailles, alors même que, indifférents en apparence seulement, vous ne les fréquentez qu'à vos grands jours, et par conséquent trop peu !...

Avez-vous fait quelquefois ce mauvais rêve : que toutes les églises, toutes, un jour et en un clin d'œil, s'effondraient et disparaissaient du sol de la France ? (Oh ! le mauvais rêve n'est pas prêt de se réaliser : on bâtit et on restaure autant que jamais, grâce à Dieu ! Il y a vingt-quatre nouvelles églises rien qu'à Paris depuis la Séparation, pour répondre à des besoins nouveaux ! Et dans l'archidiocèse de Rouen quels efforts ne fait-on pas de tous côtés !) Mais enfin, avez-vous jamais fait ce mauvais rêve : plus d'églises nulle part, plus de flèches qui pointent au dessus du sol et qui, en montrant le ciel, désignent de loin au voyageur les agglomérations d'hommes; plus de cloches qui donnent une voix aux bourgs et aux cités; plus de dimanches religieusement célébrés, c'est-à-dire célébrés par autre chose que des excursions et des spectacles; plus de premières communions, plus de cantiques, plus de fêtes de Noël ni de

Pâques, puisque tous les autels sont détruits... Plus d'églises! Rien que des domiciles (taudis ou palais) où les hommes, animaux supérieurs, s'entassent pour besogner, manger et dormir; et des écoles, et des usines, et des théâtres, et peut-être des mauvais lieux multipliés davantage. Puis, en fait de bruits, pour égayer l'atmosphère, les durs sifflements des locomotives, les stridents appels des sirènes de manufactures et les cornements effarés des autos!... Mais ce serait monstrueux! Mais ce serait la barbarie, et le cœur se glace en y pensant!...

Comme nous les chérissons, nos églises!

Oh! quand on se réveille du cauchemar que je vous proposais tout à l'heure, avec quel plaisir on se les représente toutes, en esprit, dans leur similitude et leur diversité! Alors on les trouve toutes, plus que jamais, délicieusement charmantes!

Toutes! les cathédrales somptueuses et les pauvres oratoires de hameaux, les antiques collégiales de pierre et les temples modernes où règnent le fer et le ciment armé!

Toutes! les chapelles de miséreux, misérables elles-mêmes et malodorantes; et ces autres chapelles (il en reste encore, j'en connais) chapelles de couvents époussetées vingt fois le jour, que de saintes femmes embellissent en mettant à ce soin l'instinct irréductible de parure dont elles se défendent ailleurs, et que le XVIIIe siècle a nommées parfois — un peu trop finement peut-être — « les églises musquées ! »

Toutes ! mais particulièrement — pourquoi ne pas le dire ? et n'allez pas croire que je le dise uniquement pour la circonstance — les églises de campagne...

Je ne vais pas vous les décrire. Mais qui de vous n'en a goûté la douceur, le recueillement, l'ingénuité ?

Parmi celles-là même j'ai une préférence (vous aussi) : elle va à celles qui se dressent sur nos côtes, dans la verdure encore et le voisinage des blés, mais toutes proches de la mer...

En Normandie, elles sont de tuf ou de grès bien souvent, et, battues depuis des siècles par les rafales qui portent jusqu'à elles la poussière des embruns, elles ont l'aspect basané des vieux matelots et leur mélancolie. On dirait que l'empreinte est restée sur elles de l'inquiétude qui y ont épanchée, avant de partir pour les longues pêches, des centaines de générations de terre-neuviers ; les supplications qu'y ont répandues, pendant mille ans, les femmes pour leurs hommes en danger y éveillent encore les échos ; et quand, le soir, dans une obscurité que la veilleuse du Saint-Sacrement atténue à peine, on y vient faire sa prière, si par hasard le vent souffle pendant qu'on est là, prosterné, la tête dans les mains, et qu'on entende la sourde et lointaine rumeur des flots du large, on se demande si ce n'est pas la plainte de ceux dont la vie est si rude et qui se battent contre l'élément terrible là-bas, ou bien encore si ce n'est pas le gémissement de tous les « péris en mer » implorant un souvenir des vivants et se recommandant aux suffrages...

Oh ! comme on fait de bonnes méditations et comme on prie avec gravité — n'est-ce pas, parisiens ? — dans les églises de nos côtes !

A de certains moments, on y aurait volontiers l'illusion de revivre l'Evangile. Ce Jésus, mon Dieu : il est là ? au tabernacle ? Oui, mais, tenez, il se lève, il sort ; je l'ai rencontré déjà et je vais le rencontrer encore au tournant du chemin ! Toute la journée, il revit sous mes yeux la vie qu'il a vécue avec ses disciples, et qui était celle des populations maritimes de Tibériade. Pierre? André? Jean? et les autres qui le suivaient? mais les voilà! ils tirent le filet en ce moment et ils arriment leur barque sur la plage!... Et Lui? Lui! il les encourage encore, il les instruit, il les aide peut-être, il leur prédit — sans qu'ils comprennent du reste — qu'ils pêcheront un jour des hommes; et, en attendant, il leur fait rapporter tout de suite des cargaisons de poissons miraculeuses!... (Oh! renouvelez le miracle, Seigneur, pour les pêcheurs de nos côtes!)

A d'autres moments, dans ces églises riveraines, on sent mieux qu'on ne l'avait jamais fait ailleurs (n'est-ce pas, riches, gens de loisir, artistes, intellectuels?) de quelles grâces privilégiées vous a entouré la Providence. On se dit : « Pourquoi ma vie n'est-elle pas aussi rude que celle dont j'ai ici le spectacle parmi les gens de mer? » Et on entend les leçons secrètes que vous donnent les choses ambiantes : « Résigne-toi : tout n'est que flux et reflux, ici-bas... Sache conduire loyalement ta barque à son but, comme tel pilote que tu voyais tantôt, si habile et qui filait si droit... Domine tes épreuves et surnage, comme cette bouée qui reste là, près de l'estacade, sur la crête des vagues... Enfin connais le port où toujours tu dois tendre, et qu'il n'est pas sur une terre de ce monde, mais là-haut, là-haut, dans l'éternité... »

Oh ! merci, merci, vieille église ! Tu me parles, j'entends ta voix ; comme les matelots celle de ta cloche quand ils sont en mer et que la brise leur en apporte les tintements parmi les murmures de la houle : voix de rappel à l'ordre et de salut.

Merci, vieille église ! Tu me rends meilleur, car ton accueil, rude à l'abord, mais franc comme un cœur marin, est toujours réconfortant ! Que dis-je ! comme un cœur marin : ne recèles-tu pas le cœur vivant de Dieu !

Merci ! Je me promets de venir à toi davantage. Tu me connaîtras, tu me conseilleras, tu me préserveras, tu me consoleras, tu me berceras. Et tu seras le portique de mon paradis...

Hélas ! mes bien chers frères, nos églises, pétries de spirituel et de divin, lieu de rencontre de Dieu et des hommes ; nos églises, composées d'une âme mystérieuse mais d'un corps périssable aussi ; nos églises, nos chères églises, celles des falaises exposées à la tempête, encore plus que celles des vallées, protégées un peu ; nos églises, nos chères églises, celles de grès massif comme celles de pierre légère ou de brique; nos églises se désagrègent fatalement à la longue... La durée, les intempéries ; parfois, comme ici, des quatre, six et sept cents ans de service, parfois même les soins inhabiles de quelques ancêtres mal éclairés, y font des ravages...

Il faut alors restaurer...

Pour restaurer, il faut des ressources...

Je n'achève pas : vous savez ce qu'attend de vous Monsieur le Curé... Vous savez ce qu'il a fait lui-même, en ne dédaignant pas de se constituer ouvrier. Vous n'ignorez pas ce qu'il lui reste à faire...

Lui prêter votre concours ? Oh ! mes frères, hésiterez-vous une minute après ce que je viens de vous rappeler : il s'agit de l'église ! de l'église !

Et il l'a si bien mérité !

ROUEN. — IMPRIMERIE DE LA VICOMTÉ.

www.ingramcontent.com/pod-product-compliance
Lightning Source LLC
Chambersburg PA
CBHW061519040426
42450CB00008B/1704